Izabelle Lima De Carvalho

O uso das mídias sociais na Igreja Católica

Izabelle Lima De Carvalho

O uso das mídias sociais na Igreja Católica

novas formas de evangelizar

CREDO EDICIONES

Imprint
Any brand names and product names mentioned in this book are subject to trademark, brand or patent protection and are trademarks or registered trademarks of their respective holders. The use of brand names, product names, common names, trade names, product descriptions etc. even without a particular marking in this work is in no way to be construed to mean that such names may be regarded as unrestricted in respect of trademark and brand protection legislation and could thus be used by anyone.

Cover image: www.ingimage.com

Publisher:
CREDO EDICIONES
ist ein Imprint der / is a trademark of
International Book Market Service Ltd., member of OmniScriptum Publishing Group
17 Meldrum Street, Beau Bassin 71504, Mauritius
Printed at: see last page
ISBN: 978-613-2-86666-0

O USO DAS MÍDIAS SOCIAIS NA IGREJA CATÓLICA – NOVAS FORMAS DE EVANGELIZAR

Izabelle Lima de Carvalho

Área de Interesse – Mídias Sociais, Igreja Católica.

1. **TEMA** - O Uso das Mídias Sociais na Igreja Católica nos dias atuais

1.1 DELIMITAÇÃO DO TEMA

O Uso das Mídias Sociais na Igreja Católica – Novas Formas de Evangelizar

É pretendido abordar a utilização das Mídias Sociais na Igreja Católica, que tem promovido a ampliação do espaço religioso para além dos espaços das igrejas. O desenvolvimento e a diversificação das Mídias Sociais têm permitido a inserção da igreja nos lares, promovendo a interação do discurso e favorecendo a captação dos fiéis. Ao mesmo tempo, o uso dessas Mídias impõe aos representantes das instituições religiosas uma necessidade de adaptação do seu discurso às novas situações de comunicação, o que nos leva a dúvida se a adaptação à essa nova forma de evangelização deixa ou não a prática da tradição da igreja.

A Igreja, desde sua antiguidade, tem uma relação com a comunicação, logo também com a tecnologia. Isso desde quando se confiou o Evangelho por meio do alfabeto e do livro. Toda mudança comunicacional tem um grande impacto na Igreja, assim também como na cultura de um todo.

Irá ser feita uma análise do Instagram da Comunidade Católica Colo de Deus (*@colodedeus)*, descrevendo a forma como esse representante da igreja católica utiliza desse recurso para promover a captação do fiel. A Comunidade Católica Colo de Deus utiliza, através de sua filosofia, uma comunicação mais aberta com seu público, fugindo do que antes era conhecido como a forma tradicional da igreja, ela utiliza os meios digitais para promover sua fé e captar jovens para a mesma, seja através da linguagem diferenciada abordada, como através de suas músicas, suas danças, suas artes e suas postagens nas Mídias Sociais, como o Instagram, para ser acessível e compatível com o mundo moderno e com o objetivo de atingir os que estão fora da igreja para que conheçam uma igreja viva e cheia de espiritualidade, mas também preocupada com a sociedade em sua volta.

2. PROBLEMA

Quais os métodos de comunicação utilizados no Instagram pela Comunidade Católica Colo de Deus para atrair seu público mantendo a tradição da igreja?

3. HIPÓTESE

O Instagram da Comunidade Católica Colo de Deus, altera, através de suas postagens cristãs abordando arte e música, as formas de como se evangeliza os jovens, assim constituindo uma nova oportunidade no campo da evangelização, se forem bem trabalhadas e compreendidas à tradição da Igreja como descrito no documento do Concílio do Vaticano II, que uma de suas iniciativas foi justamente *mudar* o como dizer, sem interferir no *que* dizer, e que era necessário tornar sua mensagem mais acessível e compatível com o mundo moderno, mantendo a Tradição, ou seja, a teologia.

4. OBJETIVO GERAL

Analisar as estratégias comunicacionais utilizadas pela Comunidade Católica Colo de Deus através da Mídia Social Instagram.

5. OBJETIVOS ESPECÍFICOS

- Conhecer a Mídia Social Instagram;
- Compreender a presença da Igreja Católica no meio digital;
- Investigar como o Vaticano percebe a presença/atuação dessa nova forma de evangelização;
- Verificar de que forma se dá a comunicação através das postagens da Comunidade Católica Colo de Deus (@colodedeus) e se é possível manter a identidade tradicional fixada para o público.

6. Justificativa

A Igreja Católica teve como sua única forma de evangelização, por muito tempo, a Bíblia e, com o avanço das mídias e o surgimento das Mídias Sociais, a presença religiosa neste meio, especificamente católica, passou a ser cada vez mais identificada. Os perfis religiosos, neste meio, são voltados para a evangelização e para a transmissão do Evangelho. A proposta deste estudo é compreender e analisar as eventuais mudanças que ocorreram na política de comunicação da Igreja Católica e como ela consegue firmar sua imagem tradicional para os fiéis através da Mídia Social Instagram, com o foco no Instagram da Comunidade Católica Colo de Deus (@colodedeus).

Sendo assim, o interesse pelo tema proposto neste projeto parte de toda a problemática em torno da adequação dos valores da Igreja para as Mídias Sociais, que hoje há um público muito grande de representantes da Igreja neste meio. Então, é válido empreender estudos sobre este meio e que mostrem os métodos de comunicação utilizados por ele para atrair seu público/fiéis e ainda assim, manter a imagem tradicional fixada para o público.

O trabalho é importante também a partir do momento que pretende analisar os métodos comunicacionais que passaram a ser utilizados para a igreja a partir do momento em que passou a ser aceito o uso da comunicação como um método de propagar sua fé, além de estudos que mostrem como a comunicação passou a ser inserida neste meio que antes era totalmente tradicional e agora utiliza e recomenda este método para se aproximar dos fiéis.

A escolha deste tema também se prende ao fato de estar em linha direta com a minha área de atuação, o que irá contribuir para o meu conhecimento e crescimento pessoal e profissional.

Outro fato a ser considerado, é que esta linha de pesquisa possui muitas variáveis e fontes de estudo. Dentro deste conceito, o trabalho se justifica, pois, resume os principais pontos da comunicação dentro da Igreja, contribuindo como fonte para outros estudantes, interessados ou pesquisadores desta área.

7. METODOLOGIA

Este projeto propõe uma pesquisa do tipo básica e natureza qualitativa. Será aplicado também uma pesquisa exploratória e descritiva para ajudar nos métodos e técnicas para responder o problema de pesquisa e entender melhor como funciona o uso das mídias sociais na Igreja Católica. Inicialmente, serão realizadas pesquisas bibliográficas em sites voltados ao assunto e livros que também falem sobre o uso das mídias sociais e como esta pode ser aplicada no âmbito religioso.

Para conhecer mais sobre o Instagram que será o foco da nossa pesquisa, da Comunidade Católica Colo de Deus, será utilizado também pesquisas documentais que terão como guia de análise Santaella (2001) para serem realizadas. Para entender melhor sobre a comunicação da Igreja Católica nas mídias sociais, utilizaremos autores como McLuhan (1964), Gronowski (2005), documentos do Vaticano e declarações oficias dos membros da Igreja Católica.

A abordagem a ser utilizada será quali-quantitativa, pois serão ressaltadas significações e a relação entre a Igreja, que tem uma raiz tradicional, e o uso das Mídias Sociais adotadas por ela. Além de saber sobre o impacto em que este novo método adotado pela igreja causa nos fiéis e responder a dúvida se a adaptação à essa nova forma de evangelização deixa ou não a prática da tradição da Igreja Católica.

A pesquisa possui um caráter explicativa. Exploratória pois vai ajudar a delinear os rumos que terá que ser tomado até chegarmos na resposta do problema de pesquisa, a pesquisa ajudará a conhecer tanto a Igreja Católica quanto os métodos comunicacionais utilizados na Mídia Social Instagram e Explicativa pois serão feitas análises, investigações e explicações sobre como se dá a comunicação da Igreja Católica nas Mídias Sociais.

A pesquisa terá como foco o Instagram da Comunidade Colo de Deus (@colodedeus), onde serão feitas análises em uma postagem e a verificação dos comentários feitos pelos fiéis que seguem a página. Como o objetivo de pesquisa é analisar o efeito do método comunicacional usados pela página, irá ser feita a coleta dos comentários para verificar se houve a absorção da mensagem passada ou de como as pessoas chegaram até o catolicismo através da mesma.

8. REFERENCIAL

8.1 A COMUNICAÇÃO E AS MÍDIAS SOCIAIS

Em um conceito amplo a comunicação é um processo básico do ser humano, já que é ela que torna possível viver em sociedade. A comunicação vem do latim *Comum,* que significa tornar comum, comunhão. E quando falamos de comunicação, precisamos entender que tudo comunica, não só falas como gestos e atos também. É o que confirma Chiavenato (2000) quando diz que a comunicação é a troca de informações entre os indivíduos.

Dentro deste conceito, surgem os meios de comunicação que para McLuhan (1964) são os instrumentos que nos ajudam a receber ou transmitir uma informação e que o meio é a mensagem. Com o avanço da internet e o surgimento da web 2.0, as mídias sociais têm se tornado uma grande ferramenta para a criação de uma identidade e fortalecimento de marcas, empresas e instituições, entre elas a Igreja. As mídias sociais dão voz à essas instituições e estabelecem uma presença pública delas na web, reforçando as mensagens e a comunicação com o seu público.

A evolução desse meio de comunicação proporciona cada vez mais agilidade e facilidade na divulgação de informações, produtos e serviços, e por essa razão, nos dias atuais, a internet é um dos meios de comunicação de massa mais utilizados e vem ganhando forças todos os dias já que utilizamos cada vez as mídias sociais como ferramentas comunicacionais.

> O sucesso das redes sociais na internet dá-se pela liberdade de expressão e realidade dos conteúdos postados. Por não estarem cara a cara, há uma entrega maior dos usuários quanto à exposição de seus sentimentos e opiniões que são postados e discutidos na rede (CIRIBELI; PAIVA, 2011, p. 65)

Atualmente, o primeiro contato de qualquer pessoa com a internet, é através das mídias sociais. Para Recuero (2009) as redes sociais são espaços de interação, lugares de fala, construídos pelos atores de forma a expressar elementos de sua personalidade ou individualidade e, com a criações de perfis pessoais na rede as pessoas criam uma forma de evidenciar sua própria personalidade como objeto de divulgação para aquelas pessoas que estiverem conectados com ela. Há um processo de construção de identidade por parte das pessoas no ciberespaço. Para Lévy (1999), estas comunidades virtuais são construídas sobre afinidades de interesses, de conhecimentos, sobre projetos, em um processo mútuo de cooperação e troca.

8.2 A COMUNICAÇÃO E A IGREJA CATÓLICA

Embora a Igreja sempre tenha se manifestado através dos meios de comunicação, a ideia de tê-la como instrumento não era bem aceita. Primeiro censurando e depois tolerando, nos últimos anos a Igreja Católica vem utilizando os meios de comunicação como uma nova forma de evangelização. É o que o sacerdote Gronowski (2005), professor da teoria geral da comunicação na Universidade Pontifícia da Santa Cruz na Itália diz em entrevista concedida ao site da Conferência Nacional dos Bispos do Brasil (CNBB):

> A igreja desde a sua antiguidade está em contato com os meios de comunicação, ou melhor, com toda a tecnologia que tem a ver com a comunicação, em uma relação simbiótica. Desde que se confiou o Evangelho ao meio do alfabeto e do livro, criou-se uma relação de interdependência com os meios de comunicação. Toda mudança no sistema midiático tem um impacto

> na igreja, como que em toda cultura. Há que recordar que McLuhan vê os meios de comunicação como o principal fator de mudança cultural. McLuhan não fala de um impacto direto, ele explica que os meios de comunicação mudam as condições no qual tudo ocorre, e modificam a maneira em que trabalha nosso sistema perceptivo e a mente. (GRONOWSKI, 2005)

Gronowski criticava a posição da igreja ao dizer que a mesma se concentrava mais no que dizer do que nas mídias em si e que elas seriam fundamentais para a propagação da sua mensagem. Hoje, já são vários os meios de comunicação utilizados pela igreja canais de TV, programas de rádio, sites e perfis nas mídias sociais que levam o Evangelho para seu público. Essa nova maneira de evangelizar foi uma postura adotada pela Igreja, que antes a ideia era sequer mencionada, hoje é vista como uma forma de se aproximar dos fiéis e até conquistar novos através da transmissão do Evangelho. É o que afirma o Papa Francisco em sua mensagem para o 50º Dia Mundial das Comunicações Sociais.

> A comunicação tem o poder de criar pontes, favorecer o encontro e a inclusão, enriquecendo assim a sociedade. Como é bom ver pessoas esforçando-se por escolher cuidadosamente palavras e gestos para superar as incompreensões, curar a memória ferida e construir paz e harmonia. As palavras podem construir pontes entre as pessoas, as famílias, os grupos sociais, os povos. E isto acontece tanto no ambiente físico como no digital. Assim, palavras e ações hão-de ser tais que nos ajudem a sair dos círculos viciosos de condenações e vinganças que mantêm prisioneiros os indivíduos e as nações, expressando-se através de mensagens de ódio. Ao contrário, a palavra do cristão visa fazer crescer a comunhão e, mesmo quando deve com firmeza condenar o mal, procura não romper jamais o relacionamento e a comunicação. (FRANCISCO, 2016)

A comunicação está inserida na vida da Igreja, pois é por meio dela que se torna igreja, e Papa Francisco (2018) confirma dizendo que todos somos chamados a nos comunicar com todos, que a "comunicação humana é uma modalidade essencial para viver a comunhão".

A Igreja sempre teve interesse pela comunicação humana e tem como missão divulgar a Palavra, a boa nova, assim eles dizem, como o próprio Jesus mandou em Mateus 28: 19-20 "Ide e Pregai o Evangelho". De acordo com Zolin (2010) a Igreja Católica em si é um fruto da comunicação, já que utiliza da propagação do Evangelho para levar as pessoas para próximo de Deus. Hoje já existe um Pontifício Conselho para as Comunicações Sociais somente para apoiar a Igreja nesta missão de transmissão do Evangelho mediante os canais disponibilizados pelo avanço da tecnologia, além de haver também o Dia Mundial das Comunicações Sociais, quando o Papa sempre divulga uma mensagem sobre uma situação atual que acontece nas mídias em geral.

9. A IGREJA CATÓLICA

Para se entender mais profundamente a comunicação e a Igreja, precisamos antes entender a Igreja Católica Apostólica Romana. Segundo o CIC - Catecismo da Igreja Católica, o termo *católica* significa pelo fato dela ser universal e porque nela está o Cristo, que é o seu fundador. *Apostólica*, pois os bispos da Igreja são sucessores dos apóstolos e, ela é *Romana*, pois sua sede está localizada em Roma.

Dentro da igreja há suas divisões para melhor organizá-la e, de acordo com o site do Vaticano (2014) a Igreja possui uma estrutura que é formada pelos leigos e pelo clero. Dentro do clero há uma hierarquia, que são baseados de acordo com o grau do Sacramento da Ordem, que são: diáconos, presbíteros, bispos e arcebispos, cardeais e o Papa. O Papa, atualmente o Papa Francisco, é a autoridade máxima e tem o poder de governar a doutrina e a fé católica. A Igreja Católica, ainda, prevê a existência de três poderes que são: o de ensinar, o de santificar e o de governar.

9.1 A IGREJA E O CONCÍLIO DO VATICANO II

O Concílio do Vaticano II foi um encontro proposto pelo Papa João XX entre os anos de 1962 e 1965. O objetivo do Concílio foi discutir questões teológicas e doutrinais, corrigir incoerências e renovar o conhecimento e todo o ensinamento da Igreja a fim de acompanhar a evolução da sociedade e do pensamento humano.

Desde que foi ordenado, o Concílio tem movido dois tipos de interpretações: a de continuidade, na qual ele é lido conforme os concílios que o seguiram, não propondo uma nova Igreja, mas reforçando sempre o que ela já pregava e trazendo uma nova forma de comunicação para atingir o homem no mundo moderno. O Concílio propôs uma igreja "pós-conciliar" e que rompe, até aquele momento, o que era ensinado por ela.

Foi deste Concílio que saiu o decreto *Inter Mirifica*[1] que foi escrito pelo Papa Paulo VI e que fala sobre os meios de comunicação social, reconhecendo segundo a doutrina da Igreja Católica que cada meio é um instrumento de ajuda valiosa para que o ser humano pratique o diálogo pacífico.

[1] O decreto Inter Mirifica foi escrito pelo Papa Paulo VI e fala sobre os meios de comunicação social, reconhecendo segundo a doutrina da Igreja Católica que cada meio é um instrumento de ajuda valiosa para que o gênero humano cultive o diálogo pacífico.

> Entre as maravilhosas invenções da técnica que, principalmente nos nossos dias, o engenho humano extraiu, com a ajuda de Deus, das coisas criadas, a santa Igreja acolhe e fomenta aquelas que dizem respeito, antes de mais, ao espírito humano e abriram novos caminhos para comunicar facilmente notícias, ideias e ordens. Entre estes meios, salientam-se aqueles que, por sua natureza, podem atingir e mover não só cada um dos homens, mas também as multidões e toda a sociedade humana, como a imprensa, o cinema, a rádio, a televisão e outros que, por isso mesmo, podem chamar-se, com toda a razão meios de comunicação social. (CONCÍLIO, Proêmio)

Foi a partir deste decreto, que os meios de comunicação passaram a ser aceitos pela Igreja e, também, passaram a serem vistos como um objeto de propagação da sua fé. Em 27 de Maio de 1971, como continuidade do decreto Inter Mirifica, saiu o *Communio et progressio,* o progresso da comunicação, que é uma instrução da Igreja Católica sobre os meios de comunicação social, e foram divididos em três partes, que de acordo com o PARÓQUIA (2017) são os princípios doutrinários; possibilidades e direcionamentos para que os meios de comunicação auxiliem na construção de uma sociedade nova e o favorecimento do progresso humano por meio da comunicação entre o receptor e o emissor. As instruções do documento ressaltam que os meios de comunicação possuem uma presença grande na sociedade, e essa presença pode ter aspectos positivos ou negativos dependendo de como será utilizada, analisando o desenvolvimento e a influência no comportamento das pessoas através dos meios de comunicação.

10. A REVOLUÇÃO DA IGREJA E AS MÍDIAS SOCIAIS

Com o passar do tempo, a comunicação passou por uma evolução e mudou a sua forma de interagir com o meio em que está inserida, e com a Igreja Católica não foi diferente. A partir do Concílio do Vaticano II, a Igreja viu a necessidade da comunicação e de conversar com o mundo através dos meios de comunicação.

Com a mudança tecnológica, a Igreja teve que se adaptar, novamente, em mais um meio que estava se popularizando. Para estar em sintonia com os seus fiéis, entrou nas plataformas digitais com a finalidade e anunciar o evangelho para um maior número de pessoas, mas principalmente os jovens. Dutra (2016) disse que "Através dessas ferramentas a Igreja tem mostrado a face da misericórdia ao mundo. Muitos são tocados através de testemunhos que são compartilhados nas mídias sociais relacionados à Igreja. "

As mídias sociais possuem uma grande importância no processo de comunicação da Igreja Católica. O Papa Bento XIV (2013), em discurso para o Dia Mundial das Comunicações Sociais, disse que, para além de instrumento de evangelização, as redes sociais podem ser um fator de desenvolvimento humano.

No ambiente digital, existem redes sociais que oferecem ao homem atual oportunidades de oração, meditação ou partilha da Palavra de Deus. Mas estas redes podem também abrir as portas a outras dimensões da fé. Na realidade, muitas pessoas estão a descobrir – graças precisamente a um contato inicial feito online – a importância do encontro direto, de experiências de comunidade ou mesmo de peregrinação, que são elementos sempre importantes no caminho da fé. Procurando tornar o Evangelho presente no ambiente digital, podemos convidar as pessoas a viverem encontros de oração ou celebrações litúrgicas em lugares concretos como igrejas ou capelas. Não deveria haver falta de coerência ou unidade entre a expressão da nossa fé e o nosso testemunho do Evangelho na realidade onde somos chamados a viver, seja ela física ou digital. Sempre e de qualquer modo que nos encontremos com os outros, somos chamados a dar a conhecer o amor de Deus até aos confins da terra. (XIV, Papa Bento, 2013)

Em pouco tempo, as mídias sociais tomaram de conta da Igreja Católica e de seus representantes. É possível citar aqui os meios como Instagram, Facebook, Youtube e blogs que são utilizados por Padres ou algum representante da Igreja Católica e que por através delas, modificaram a forma de se comunicar e lidar com os fiéis. Um dos desafios do uso deste meio é se há a confirmação ou a permanência da identidade da Igreja Católica dentro de um espaço onde todas as opiniões e expressões são permitidas e que as pessoas utilizam o direito de se expressarem da forma que quiserem dentro deste meio. Dom Daniel Flores, bispo de Brownsville, Texas, revelou recentemente numa entrevista coletiva que:

> A coisa mais importante para os católicos que se envolvem na web, especialmente sacerdotes e bispos, é assegurar que estão levando Cristo com eles. Se nós não estamos falando sobre o Evangelho e o que Jesus disse hoje, então todas as outras coisas serão simplesmente polêmicas, e os nossos jovens estão cansados das polêmicas. Os jovens querem saber o que Jesus tem a dizer sobre vários temas e conversas

> que ocorrem na internet. Acho que, de fato, temos certa obrigação de santificar as redes sociais.

Para estes fiéis e representantes da Igreja, muito se fala do testemunho que deve ser dado no ambiente das mídias sociais, seja na forma de falar, do vestir e até mesmo das postagens em que elas farão nesse meio, para as pessoas que ainda não conhecem a Igreja possam se identificar com ela, mas acima de tudo enxergar Jesus através destas pessoas com quem elas possuem acesso nas redes sociais.

10.1 A IGREJA CATÓLICA NA MÍDIA SOCIAL INSTAGRAM

Em um contexto de mudanças tão intensas para o Catolicismo, em razão da tradição e da extensão da sua presença, a Igreja necessitava dialogar com novos fenômenos e acontecimentos, e com o advento da Igreja nas mídias sociais, constituiu-se um novo ambiente para a Igreja se manifestar. A presença da Igreja nesse meio é importante para ela se fazer presente no meio dos jovens e assim se fazer viva e presente no cotidiano vivenciado por eles.

Houve uma significativa mudança no modo da Igreja Católica de fazer a missa, novena, homilia, etc. nos dias atuais. Estes eventos que, antes poderiam ser assistidos somente na Igreja, junto com a comunidade, assistidos pela televisão ou ouvidos pela rádio, hoje, com o avanço das Mídias Sociais e a inserção da Igreja neles, não existem mais fronteiras.

A Igreja Católica inserida na mídia social Instagram, através de seus representantes, e utilizando suas ferramentas, como o stories, por exemplo, que permite vídeos ao vivo, o fiel que tem o acesso à mídia pode ali, comentar, sugerir, testemunhar sobre assuntos que são tratados e ter acesso às programações religiosas, essas que e pode ainda atrair novos fiéis ao catolicismo.

Destacando a importância dos representantes da Igreja nas mídias sociais, o instagram oficial do Papa Francisco – @franciscus – que foi criado em 19 de março de 2016, possui mais de 6,0 milhões de seguidores. Neste meio, o Papa transmite mensagens diárias, várias destinadas ao público jovem, sobre assuntos atuais, políticos, documentos da Igreja o que destaca a importância de se fazer presente neste meio. Além dessas manifestações de representantes, os fiéis também utilizam desta mídia para transmitirem o viver da sua fé em suas postagens e até através do uso de hashtags.

Além disso, há perfis religiosos no Instagram, que são instrumentos de paróquias e dioceses católicos que integram os fiéis na vida da comunidade, seja divulgando os horários das missas, eventos, novenas, confissões, liturgias diárias, orações, etc., para que a comunidade se integre cada vez mais neste meio. Há ainda, outro fator relevante: as postagens feitas no Instagram, podem ser compartilhadas com um número maior de pessoas, sendo propagadas e assim, potencializando a evangelização.

11. COMUNIDADE CATÓLICA COLO DE DEUS

A comunidade Católica Colo de Deus, ou somente Colo de Deus, é uma comunidade brasileira fundada no ano de 2003, na cidade de Jandaia do Sul (PR). A Comunidade começou a ganhar forma antes mesmo de existir, através do seu fundador Hugo Santos, que já tinha uma caminhada junto à Igreja Católica desde seus 20 anos de idade.

Com a música sempre fazendo parte de sua história e com um sonho de mudar o mundo, ele utiliza sua arte e sua criatividade para o Reino de Deus e para a Igreja Católica. Ele começou a reunir pessoas do seu bairro, juntamente com sua esposa Rosina, para promover orações e momentos de louvores entre as famílias.

Foi assim que a Comunidade Católica Colo de Deus começou a ganhar forma e, hoje lidera uma das mais influentes Comunidades Católicas entre a juventude pelo Brasil e pelo mundo, propagando através de suas músicas e redes sociais o "ide pelo mundo e pregai o evangelho" e fortalecendo o vínculo dos jovens com a doutrina católica, sempre propagando e evidenciando isso em suas músicas e postagens nas mídias sociais.

11.1 A COMUNIDADE CATÓLICA COLO DE DEUS NO INSTAGRAM

Inserida no contexto das Novas Comunidades (são movimentos e pastorais que tem se multiplicado no Brasil, cada um com sua própria vocação e carisma, mas seguindo as diretrizes da Igreja, RCC e a CNBB), a Colo de Deus é uma forma em que indivíduos, em suas maiorias jovens, veem como forma e opção de se filiar ao catolicismo. Segundo (SANCHIS, 2001) pode ajuda-los a acharem o seu lugar dentro da instituição religiosa. A Colo de Deus se denomina em seu site como "artistas apaixonados pelo grande artista. Somos chamados a ser o ÚTERO de Deus Pai, onde Cristo é gerado para a humanidade".

A Comunidade Católica Colo de Deus, utiliza através do Instagram uma evangelização voltada, principalmente, aos jovens, com uma linguagem totalmente diferenciada, usando a arte e atrativos que levem os mesmos até a igreja. Não deixando de lado o evangelho sendo usado como a Boa Nova, como dito no Artigo 45 da Exortação Apostólica *Evangelii Nuntiandi,* que fala sobre a forma de evangelização no mundo contemporâneo.

> Em nosso século tão marcado pelos mass media, ou meios de comunicação social, o primeiro anúncio, a

> catequese ou o aprofundamento ulterior da fé, não pode deixar de se servir desses meios conforme já tivemos ocasião de acentuar. Postos ao serviço do Evangelho, tais meios são susceptíveis de ampliar, quase até o infinito, o campo para poder ser ouvida a Palavra de Deus e fazer com que a Boa Nova chegue a milhões de pessoas. A Igreja se sentiria culpável diante de Seu Senhor se ela não lançasse mão desses meios potentes que a inteligência humana torna cada dia mais aperfeiçoados. É servindo-se deles que 'proclama sobre os telhados' a mensagem de que é depositária. Neles encontra uma versão moderna e eficaz do púlpito. Graças a eles consegue falar às multidões. (EN, n.45).

Essa é a vocação defendida pela Comunidade Colo de Deus, que tem como objetivo evangelizar através das Mídias Sociais. O Instagram da comunidade (@colodedeus), hoje conta com mais de 381 mil seguidores até meados de 2019. Jovens são chamados a vivenciar a carisma da comunidade, através de posts com imagens atrativas, vídeos, músicas, transmissões e até mesmo pela divulgação de um próprio aplicativo onde os jovens tem acesso às orações, homilias e evangelho diariamente.

Há também os membros que compõem essa Igreja, que são chamados a viver uma vocação seguindo o que lhe é proposto pela comunidade, e que utilizam dos seus perfis pessoais no Instagram para testemunharem o que Jesus, através da Comunidade Católica Colo de Deus, fez em suas vidas. Isso conta como uma estratégia de comunicação, já que nos dias atuais, os jovens procuram se espelharem em pessoas com quem se identificam, o que gera uma identificação do jovem com o servo da comunidade, levando-o assim a conhecer tanto a comunidade, quanto a Igreja Católica.

A Colo de Deus tem mostrado o quanto as mídias sociais são importantes para levarem os jovens à conhecerem a Igreja Católica, com várias músicas de sucesso e com o uso das Mídias Sociais, há vários testemunhos na sua página do Instagram, de jovens que conheceu ou voltou a frequentar a Igreja Católica. Mostram, assim, a importância da igreja se fazer presente nesta mídia social para se aproximarem dos jovens. Os comentários de jovens nas postagens do instagram da comunidade apontam que os métodos de comunicação utilizados por eles estão tendo o retorno desejado.

Fotografia 1 – Postagem no Instagram da Colo de Deus

...

24.125 visualizações · Curtido por **julieannelc** e **comunidade_spa**

colodedeus Estamos sendo enviados por todo o Brasil em missão e estamos assistindo uma nação de adoradores sendo levantada.

Nós acreditamos no Brasil. Acreditamos nos jovens. Acreditamos nas famílias. Acreditamos na Igreja #colodedeus

Ver todos os 248 comentários

4 DE DEZEMBRO DE 2018 · **VER TRADUÇÃO**

Fonte: Página do Instagram da @colodedeus (2019)[22]

[2] Disponível em: <https://www.instagra.com/colodedeus>. Acesso em: 15 de Jun. 2019.

Fotografia 2 – Comentário de seguidor no post

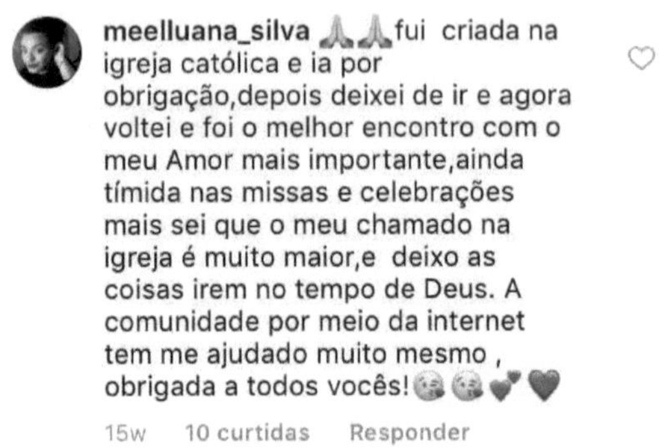

Fonte: Página do Instagram da @colodedeus (2019) [3]

Fotografia 3 – Comentário no post

Comentários

gabrielzeuli 🙌aleluia!!
12w 1 curtida Responder

fernandaamaral.oficial Obrigada @colodedeus, vcs não fazem ideia do quanto Deus usou vocês para me transformar em 2018🖤
12w 1 curtida Responder

Fonte: Página do Instagram da @colodedeus (2019)[3]

---

[3] Disponível em: <https://www.instagra.com/colodedeus>. Acesso em: 15 de Jun. 2019.

Fotografia 4 – Comentário de seguidor no post

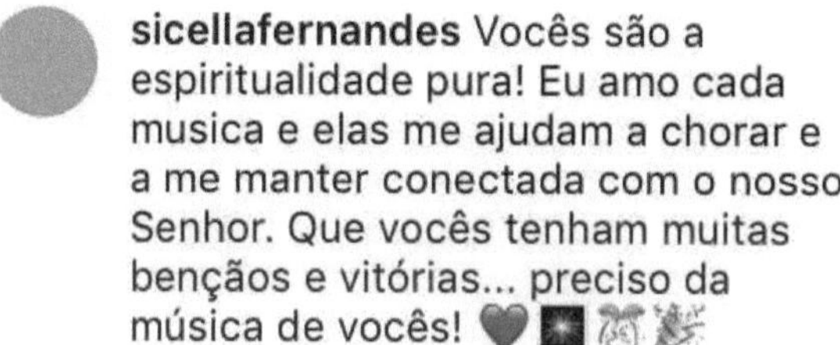

Fonte: Página do Instagram da @colodedeus (2019)[4]

A Colo de Deus utiliza diversos instrumentos de comunicação no Instagram para a propagação de sua imagem e mensagem. Sendo assim, a Comunidade utiliza de diversos métodos comunicacionais para passar a mensagem da Santa Igreja, da sua forma, aos jovens. Seja através de sua linguagem, suas músicas e suas postagens no Instagram, eles mostram a eficácia do uso das Mídias Sociais como uma nova forma de evangelização. Em todo final de Missa, o sacerdote sempre diz em sua benção final “Ide e pregai a todos o Evangelho de Cristo”, e cada um de sua forma, e a Colo de Deus, através do seu Instagram, leva consigo o

[4] Disponível em: <https://www.instagra.com/colodedeus>. Acesso em: 15 de Jun. 2019.

Evangelho e leva à vários jovens que precisam conhecer à Jesus da forma deles, que é uma nova forma de evangelizar.

12. CRONOGRAMA

AGOSTO	SETEMBRO	OUTUBRO	NOVEMBRO	DEZEMBRO
Revisão do projeto	**Orientação**	**Orientação**	**Orientação**	**Orientação**
Escolha do Orientador	**Pesquisa Bibliográfica (capítulos)**	**Pesquisa Bibliográfica (capítulos)**	**Pesquisa Bibliográfica (capítulos)**	Revisão Final
Início da pesquisa bibliográfica		**Coleta de dados**	**Apresentação e discussão dos dados**	**Revisão ABNT**
			Conclusão	**Defesa**

13. REFERÊNCIAS BIBLIOGRÁFICAS

Bíblia Sagrada

CHIAVENATO, Idalberto. **Introdução à teoria geral da administração.** 6. ed. Rio de Janeiro: Campus, 2000

CIRIBELI, João Paulo; PAIVA, Victor Hugo Pereira. **Redes e mídias sociais na internet: realidades e perspectivas de um mundo conectado.** Belo Horizonte, 2011.

Compêndio do Catecismo da Igreja Católica, ed. 149. 2005

CANÇÃO NOVA, Comunidade Católica. **Como Nascemos.** [*S. l.*: *s. n.*], 1968. Disponível em: https://comunidade.cancaonova.com/quem-somos/como-nascemos/. Acesso em: 14 jun. 2019.

COLO DE DEUS, Comunidade Católica. **Comunidade Católica Colo de Deus.** [*S. l.*], 1 jan. 2019. Disponível em: https://colodedeus.com.br/. Acesso em: 15 jun. 2019.

DUTRA, Giovanna Láurea. Entrevista concedida em 13 de outubro de 2016.

EVANGELII NUNTIANDI, Exortação Apostólica. **Evangelização no mundo conteporâneo**. [*S. l.*], 8 dez. 1975. Disponível em: http://w2.vatican.va/content/paul-vi/pt/apost_exhortations/documents/hf_p-vi_exh_19751208_evangelii-nuntiandi.html. Acesso em: 15 jun. 2019.

FRANCISCO, Papa. **Comunicação e misericórdia: um encontro fecundo**. [*S. l.*], 8 maio 2016. Disponível em: https://blog.cancaonova.com/cleberrodrigues/files/2016/05/comunicacao-e-misericordia-um-encontro-fecundo-dia-mundial-das-comunicacoes-sociais-cleber-rodrigues-cancao-nova.pdf?file=2016/05/comunicacao-e-misericordia-um-encontro-fecundo-dia-mundial-das-comunicacoes-sociais-cleber-rodrigues-cancao-nova.pdf. Acesso em: 15 jun. 2019.

GRONOWSKI, Sacerdote. **Entrevista concedida ao site da CNBB**. [*S. l.*], jun 2005. Disponível em: http://cnbbsul1.org.br/?link=news%2Fread.php&id=2836. Acesso em: 15 jun. 2019.

LÉVY, Pierre. **Cibercultura.** São Paulo: Editora 34, 1999.

MCLUHAN, Marshall – **Os Meios de Comunicação como Extensões do Homem**. São Paulo, SP: Editora Cultrix, 1964.

MIRIFICA, Inter. **Decreto Inter Mirifica sobre os meios de comunicação social**. [*S. l.*], 4 dez. 1966. Disponível em: http://www.vatican.va/archive/hist_councils/ii_vatican_council/documents/vat-ii_decree_19631204_inter-mirifica_po.html#. Acesso em: 15 jun. 2019.

MOREIRA, Anderson Marçal. **Testemunhas Digitais: a formação da identidade cristã na mídia**. São Paulo: Canção Nova, 2015.

PARÓQUIA, Minha. **Como a tecnologia pode aproximar a igreja dos fiéis**. [*S. l.*], 15 out. 2018. Disponível em: https://minhaparoquia.com.br/como-a-tecnologia-pode-aproximar-a-igreja-ainda-mais-dos-fieis/. Acesso em: 15 jun. 2019.

PARÓQUIA, Minha. **Como a Igreja pode usar o Twitter para semear o Evangelho no ambiente on-line**. [*S. l.*], 18 jul. 2017.

Disponível em: https://minhaparoquia.com.br/como-a-igreja-deve-se-comportar-nas-redes-sociais/. Acesso em: 15 jun. 2019.

PARÓQUIA, Minha. **O progresso da comunicação.** [*S. l.*], 26 jul. 2017. Disponível em: https://minhaparoquia.com.br/o-progresso-da-comunicacao/. Acesso em: 15 jun. 2019.

PARÓQUIA, Minha. **Redes Sociais: portais de verdade e de fé;**. [*S. l.*], 24 jan. 2013. Disponível em: https://minhaparoquia.com.br/redes-sociais-portais-de-verdade-e-de-fe-novos-espacos-de-evangelizacao/. Acesso em: 15 jun. 2019.

RECUERO, Raquel. **Redes sociais na internet**. Porto Alegre: Sulina, 2009.

SANCHIS, Pierre. **Religiões, religião. Alguns problemas do sincretismo no campo religioso**. Rio de Janeiro: EDUERJ, 2001

Site do Vaticano. >http://w2.vatican.va/content/vatican/pt.html<. Acesso em: 15 jun.2019.

SOUSA, Thamiris de; SOUSA, Rodrigo de; MAIA, Mauro. **Novas Formas de Evangelizar: Igreja e Mídias Atuais no Mundo Religioso Pós-Moderno: Caminho Possível?** Intercom – Sociedade Brasileira de Estudos Interdisciplinares da Comunicação. 2010.

ZOLIN, Lúcia Iinês Ugoski Volcan. **A comunicação na perspectiva da Igreja Católica.** Pelotas: RCC Brasil, 2010.

INDICE

Printed by Books on Demand GmbH, Norderstedt / Germany